THE MATH GURU VOLUME ONE

INSTRUCTIONS

DAY **1**

WORK ON MULTIPLYING BY 1

Complete Exercise 1.

DAY **2**

1'S GAME DAY!

Complete the game from Exercise 1.

DAY **3**

WORK ON MULTIPLYING BY 2

Complete Exercise 2.

PART **4**

2'S GAME DAY!

Complete the game from Exercise 2.

DAY **5**

TEST DAY!

Test on 1's and 2's.

INSTRUCTIONS

DAY 6

WORK ON MULTIPLYING BY 3

Complete Exercise 3.

DAY 7

IT'S GAME DAY!

Complete the game from Exercise 3.

DAY 8

WORK ON MULTIPLYING BY 4

Complete Exercise 4.

DAY 9

IT'S GAME DAY!

Complete the game from Exercise 4.

DAY 10

TEST DAY!

Test on 3's and 4's.

Publisher Note

I created this Interactive Multiplication Workbook to help scholars learn math at their own pace. I want to be able to make math fun and interactive. Sometimes recognizing what your learning style is as well as your scholar plays a huge role. In the workbook, I try to incorporate every major learning style. It is important to me to help my scholars succeed in life. I hope to build confidence for our younger generation. Please note that this workbook is only for entertainment and educational purposes. It sold with the understanding that the publisher is not engaged in rendering math coaching and or/ tutoring or any other professional services. If coaching and tutoring is needed, the services of a competent professional should be sought.

Dear Xolani and Kairo,

I am SO proud of you! I hope that this workbook will help you be successful with math! Use this book to help other kids become the amazing superheroes you already are!

I love you!.

Jalisa

INSTRUCTIONS

DAY 11

WORK ON MULTIPLYING BY 5

Complete Exercise 5.

DAY 12

IT'S GAME DAY!

Complete the game from Exercise 5.

DAY 13

WORK ON MULTIPLYING BY 6

Complete Exercise 6.

DAY 14

IT'S GAME DAY!

Complete the game from Exercise 6.

DAY 15

TEST DAY!

Test on 5's and 6's.

INSTRUCTIONS

DAY 16

WORK ON MULTIPLYING BY 7

Complete Exercise 7.

DAY 17

IT'S GAME DAY!

Complete the game from Exercise 7.

DAY 18

WORK ON MULTIPLYING BY 8

Complete Exercise 8.

DAY 19

IT'S GAME DAY!

Complete the game from Exercise 8.

DAY 20

TEST DAY!

Test on 7's and 8's.

INSTRUCTIONS

DAY 21

WORK ON MULTIPLYING BY 9

Complete Exercise 9.

DAY 22

IT'S GAME DAY!

Complete the game from Exercise 9.

DAY 23

WORK ON MULTIPLYING BY 10

Complete Exercise 10.

DAY 24

IT'S GAME DAY!

Complete the game from Exercise 10.

DAY 25

TEST DAY!

Test on 9's and 10's.

INSTRUCTIONS

DAY 26

WORK ON MULTIPLYING BY 11

Complete Exercise 11.

DAY 27

IT'S GAME DAY!

Complete the game from Exercise 11.

DAY 28

WORK ON MULTIPLYING BY 12

Complete Exercise 12.

DAY 29

IT'S GAME DAY!

Complete the game from Exercise 12.

DAY 30

TEST DAY!

Test on 11's and 12's.

COACHING
Experience

HI, I'M JALISA!

Coach & Educator

I have been tutoring in math since 2011. What I love most about tutoring is helping students from elementary to sophomores in college. I love helping my students build confidence in math. Math isn't an easy subject to learn and love. I help make it fun by focusing on different learning styles when tutoring (audio and visual) and giving a 1:1 touch.

I created this Interactive Multiplication Workbook to help scholars learn math at their own pace. I want to be able to make math fun and interactive. Sometimes recognizing what your learning style is as well as your scholar plays a huge role. In the workbook, I try to touch every major learning style. It is important to me to help my scholars succeed in life. I hope to build confidence for our younger generation. Please note that this workbook is only for entertainment and educational purposes. It sold with the understanding that the publisher is not engaged in rendering math coaching and or/ tutoring or any other professional services. If coaching and tutoring is needed, the services of a competent professional should be sought.

Multiplication Helpful Tips

Multiplying by 1:
When multiplying a number by 1, you will simply get the same number.
Example: 1 x 5 = 5 or 1 x 10 = 10

Multiplying by 2:
When multiplying a number by 2, you simply add the other number that is not the number "2" twice.
Example: 2 x 5 = 10 is the same as 5 + 5 = 10

Multiplying by 3:
When multiplying a number by 3, you simply add the other number that is not the number "3" three times.
Example: 3 x 4 = 12 is the same as 4 + 4 + 4 = 12

Multiplying by 4:
When multiplying by 4, each one of your answers should go up by 4!
For example: 4 x 2 = 8, 4 x 3 = 12, 4 x 4 = 16

Multiplying by 5:
When multiplying by 5, each one of your answers should go up by 5!
Example: 5 x 2 = 10, 5 x 3 = 15, 5 x 4 = 20

Multiplication Helpful Tips

Multiplying by 6:
When multiplying by 6, each one of your answers should go up by 6!
Example: 6 x 2 = 12, 6 x 3 = 18, 6 x 4 = 24

Multiplying by 7:
When multiplying by 7, each one of your answers should go up by 7!
Example: 7 x 1 = 7, 7 x 2 = 14, 7 x 3 = 21

Multiplying by 8:
When multiplying by 8, each one of your answers should go up by 8!
Example: 8 x 3 = 24, 8 x 4 = 32, 8 x 5 = 40

Multiplying by 9:
When multiplying by 9, each one of your answers should go up by 9!
Example: 9 x 2 = 18, 9 x 3 = 27, 9 x 4 = 36

Multiplication Helpful Tips

Multiplying by 10:
When multiplying by 10, you are simply counting by 10!
Example: 10 x 5 = 50 or 10 + 10 + 10 + 10 + 10 = 50

Multiplying by 11:
When multiplying by 11, each one of your answers should go up by 11!
Example: 11 x 2 = 22, 11 x 3 = 33, 11 x 4 = 44

Multiplying by 12:
When multiplying by 12, each one of your answers should go up by 12!
Example: 12 x 2 = 24, 12 x 3 = 36 , 12 x 4 = 48

EXERCISE 1

Let's start with 1s!

You got this!

Let's start with the 1s in order first!

1 x 1 =	1 x 2 =	1 x 3 =
1 x 4 =	1 x 5 =	1 x 6 =
1 x 7 =	1 x 8 =	1 x 9 =
1 x 10 =	1 x 11 =	1 x 12 =

Now, let's mix them up to see if you can complete the following below!

1 x 2 =	1 x 4 =	1 x 5 =	1 x 3 =
1 x 7 =	1 x 1 =	1 x 9 =	1 x 6 =
1 x 9 =	1 x 8 =	1 x 12 =	1 x 10 =
1 x 11 =	1 x 5 =	1 x 2 =	1 x 7 =
1 x 6 =	1 x 9 =	1 x 3 =	1 x 1 =
	1 x 12 =	1 x 4 =	
	1 x 11 =	1 x 10 =	
	1 x 8 =	1 x 7 =	
	1 x 9 =	1 x 11 =	
	1 x 2 =	1 x 3 =	

You did it! You're so smart!

BEE HAPPY

GAME DAY!
INSTRUCTIONS!

WELCOME TO YOUR FIRST EXERCISE GAME!

Utilize a phone or timer and set it for 1 minute. Say all your 1 timetable before the time runs out! If you mess up, you must start over.

GOOD LUCK!

1 x 1 =	1 x 2 =	1 x 3 =	1 x 4 =	1 x 5 =	1 x 6 =
1 x 7 =	1 x 8 =	1 x 9 =	1 x 10 =	1 x 11 =	1 x 12 =

EXERCISE 2

Let's start with 2s!

Let's start with the 2s in order first!

2 x 1 =	2 x 2 =	2 x 3 =
2 x 4 =	2 x 5 =	2 x 6 =
2 x 7 =	2 x 8 =	2 x 9 =
2 x 10 =	2 x 11 =	2 x 12 =

Now, let's mix them up to see if you can complete the following below!

2 x 2 =	2 x 4 =	2 x 5 =	2 x 3 =
2 x 7 =	2 x 1 =	2 x 9 =	2 x 6 =
2 x 9 =	2 x 8 =	2 x 12 =	2 x 10 =
2 x 11 =	2 x 5 =	2 x 2 =	2 x 7 =
2 x 6 =	2 x 9 =	2 x 3 =	2 x 1 =
	2 x 12 =	2 x 4 =	
	2 x 11 =	2 x 10 =	
	2 x 8 =	2 x 7 =	
	2 x 9 =	2 x 11 =	
	2 x 2 =	2 x 3 =	

You can achieve anything!

GAME DAY!
INSTRUCTIONS!

2minute drill! Use a phone or timer and set it to 2 minutes. Say all of your 2 timetables before time runs out. If you mess up, you must start over!

GOOD LUCK!

2 x 1 =	2 x 2 =	2 x 3 =	2 x 4 =	2 x 5 =	2 x 6 =
2 x 7 =	2 x 8 =	2 x 9 =	2 x 10 =	2 x 11 =	2 x 12 =

TEST YOUR KNOWLEDGE

1x2=___	2x2=___	1x1=___	2x8=___	1x6=___
1x6=___	2x7=___	1x5=___	2x9=___	2x8=___
1x11=___	2x12=___	1x3=___	2x1=___	1x1=___
1x7=___	2x11=___	1x8=___	2x10=___	2x10=___
1x8=___	2x5=___	1x4=___	2x7=___	1x9=___
1x10=___	2x4=___	1x12=___	2x5=___	2x6=___
1x4=___	2x6=___	1x7=___	2x4=___	1x11=___
1x9=___	2x3=___	1x5=___	2x3=___	2x12=___

EXERCISE 3

Let's start with 3s!

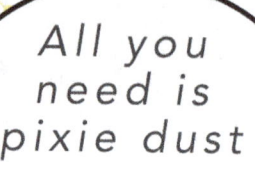

All you need is pixie dust

Let's start with the 3s in order first!

3 x 1 =	3 x 2 =	3 x 3 =
3 x 4 =	3 x 5 =	3 x 6 =
3 x 7 =	3 x 8 =	3 x 9 =
3 x 10 =	3 x 11 =	3 x 12 =

Now, let's mix them up to see if you can complete the following below!

3 x 2 =	3 x 4 =	3 x 5 =	3 x 3 =
3 x 7 =	3 x 1 =	3 x 9 =	3 x 6 =
3 x 9 =	3 x 8 =	3 x 12 =	3 x 10 =
3 x 11 =	3 x 5 =	3 x 2 =	3 x 7 =
3 x 6 =	3 x 9 =	3 x 3 =	3 x 1 =
	3 x 12 =	3 x 4 =	
	3 x 11 =	3 x 10 =	
	3 x 8 =	3 x 7 =	
	3 x 9 =	3 x 11 =	
	3 x 2 =	3 x 3 =	

You did it! You are awesome!

GAME DAY!
INSTRUCTIONS!

CAN YOU FIND ALL THE APPLES? WELCOME TO EXERCISE 3!

EXERCISE 4

Let's start with 4s!

Let's start with the 4s in order first!

Let's hop to the finish line!

4 x 1 =	4 x 2 =	4 x 3 =
4 x 4 =	4 x 5 =	4 x 6 =
4 x 7 =	4 x 8 =	4 x 9 =
4 x 10 =	4 x 11 =	4 x 12 =

Now, let's mix them up to see if you can complete the following below!

4 x 2 =	4 x 4 =	4 x 5 =	4 x 3 =
4 x 7 =	4 x 1 =	4 x 9 =	4 x 6 =
4 x 9 =	4 x 8 =	4 x 12 =	4 x 10 =
4 x 11 =	4 x 5 =	4 x 2 =	4 x 7 =
4 x 6 =	4 x 9 =	4 x 3 =	4 x 1 =
	4 x 12 =	4 x 4 =	
	4 x 11 =	4 x 10 =	
	4 x 8 =	4 x 7 =	
	4 x 9 =	4 x 11 =	
	4 x 2 =	4 x 3 =	

You can achieve anything!

GAME DAY!

DIRECTIONS:

Can you hop to the 4's? Let's play Hopscotch the 4 editions! For every problem you get right cover the problem with a chip or piece of paper. Start at the bottom!

4 x 12 =

4 x 10 =   4 x 11 =

4 x 9 =

4 x 7 =   4 x 8 =

4 x 6 =

4 x 5 =

4 x 3 =   4 x 4 =

4 x 2 =

4 x 1 =

TEST YOUR KNOWLEDGE

3x1=___	4x2=___	3x3=___	4x3=___	3x5=___
3x6=___	4x7=___	3x5=___	4x1=___	3x1=___
3x11=___	4x12=___	3x9=___	4x6=___	3x7=___
3x10=___	4x4=___	3x12=___	4x10=___	3x4=___
3x2=___	4x9=___	3x8=___	4x8=___	4x5=___
3x8=___	4x5=___	3x6=___	4x2=___	4x7=___
3x4=___	4x8=___	3x3=___	4x12=___	4x10=___
3x7=___	4x11=___	3x10=___	4x9=___	4x4=___

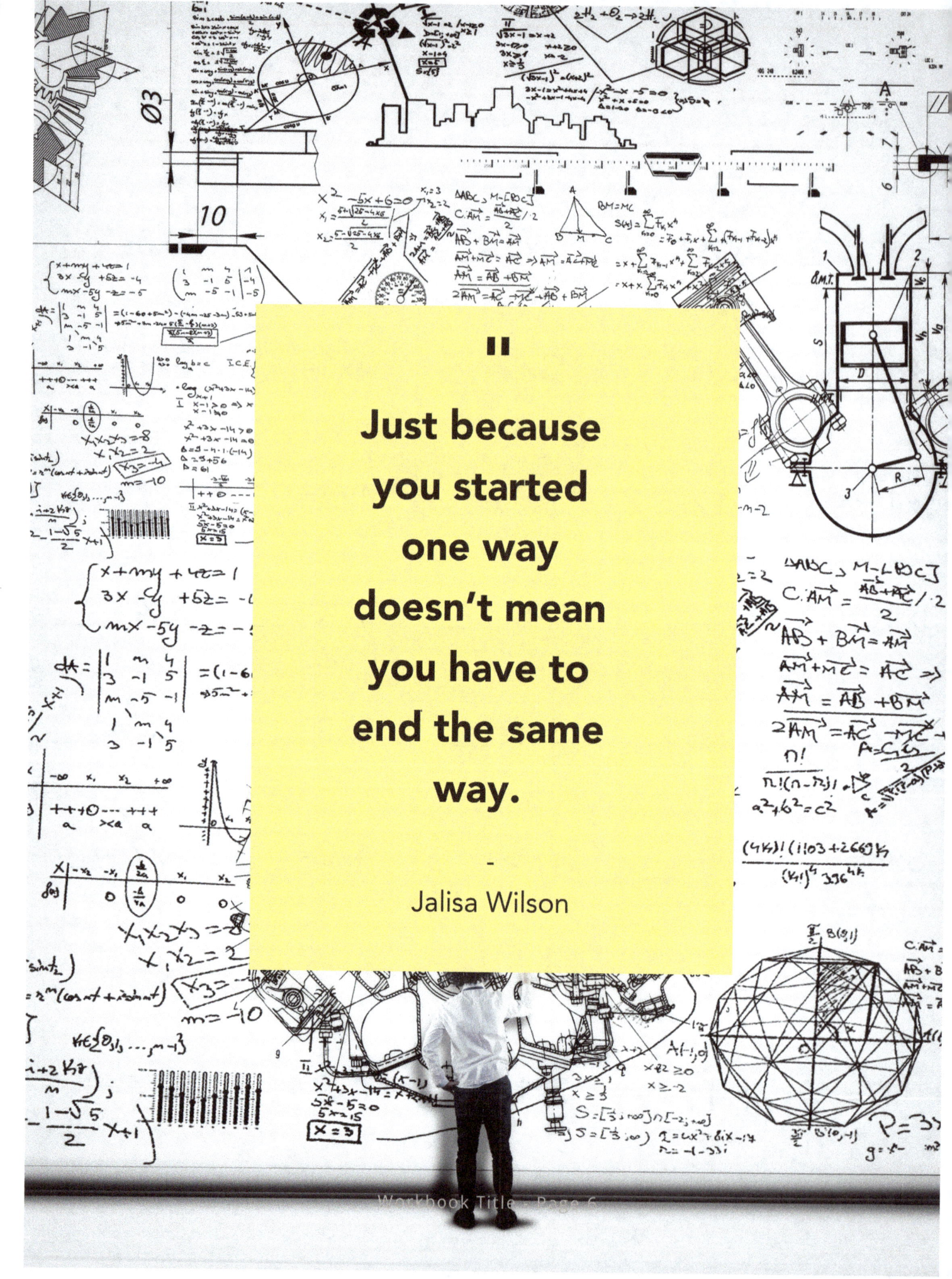

> **Just because you started one way doesn't mean you have to end the same way.**
>
> -
>
> Jalisa Wilson

EXERCISE 5

Let's start with 5s!

Let's start with the 5s in order first!

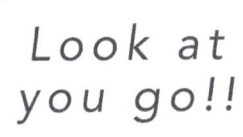

Look at you go!!

5 x 1 =	5 x 2 =	5 x 3 =
5 x 4 =	5 x 5 =	5 x 6 =
5 x 7 =	5 x 8 =	5 x 9 =
5 x 10 =	5 x 11 =	5 x 12 =

Now, let's mix them up to see if you can complete the following below!

5 x 2 =	5 x 4 =	5 x 5 =	5 x 3 =
5 x 7 =	5 x 1 =	5 x 9 =	5 x 6 =
5 x 9 =	5 x 8 =	5 x 12 =	5 x 10 =
5 x 11 =	5 x 5 =	5 x 2 =	5 x 7 =
5 x 6 =	5 x 9 =	5 x 3 =	5 x 1 =
	5 x 12 =	5 x 4 =	
	5 x 11 =	5 x 10 =	
	5 x 8 =	5 x 7 =	
	5 x 9 =	5 x 11 =	
	5 x 2 =	5 x 4 =	

WOW!

You did it!
You are so
brilliant!

INSTRUCTIONS!

HERE, YOU WILL RACE TO THE FINISH. ANSWER EACH QUESTION DOWN THE TRACK TO REACH THE FINISH LINE.

NOW, IT'S OFF TO THE RACES.

GOOD LUCK!

GAME DAY!

EXERCISE 6

Let's start with 6s!

Let's start with the 6s in order first!

Hang on! You're almost there.

6 x 1 =	6 x 2 =	6 x 3 =
6 x 4 =	6 x 5 =	6 x 6 =
6 x 7 =	6 x 8 =	6 x 9 =
6 x 10 =	6 x 11 =	6 x 12 =

Now, let's mix them up to see if you can complete the following below!

6 x 2 =	6 x 4 =	6 x 5 =	6 x 3 =
6 x 7 =	6 x 1 =	6 x 9 =	6 x 6 =
6 x 9 =	6 x 8 =	6 x 12 =	6 x 10 =
6 x 11 =	6 x 5 =	6 x 2 =	6 x 7 =
6 x 6 =	6 x 9 =	6 x 3 =	6 x 1 =

6 x 12 =	6 x 4 =
6 x 11 =	6 x 10 =
6 x 8 =	6 x 7 =
6 x 9 =	6 x 11 =
6 x 2 =	6 x 4 =

You did it! You are intelligent!

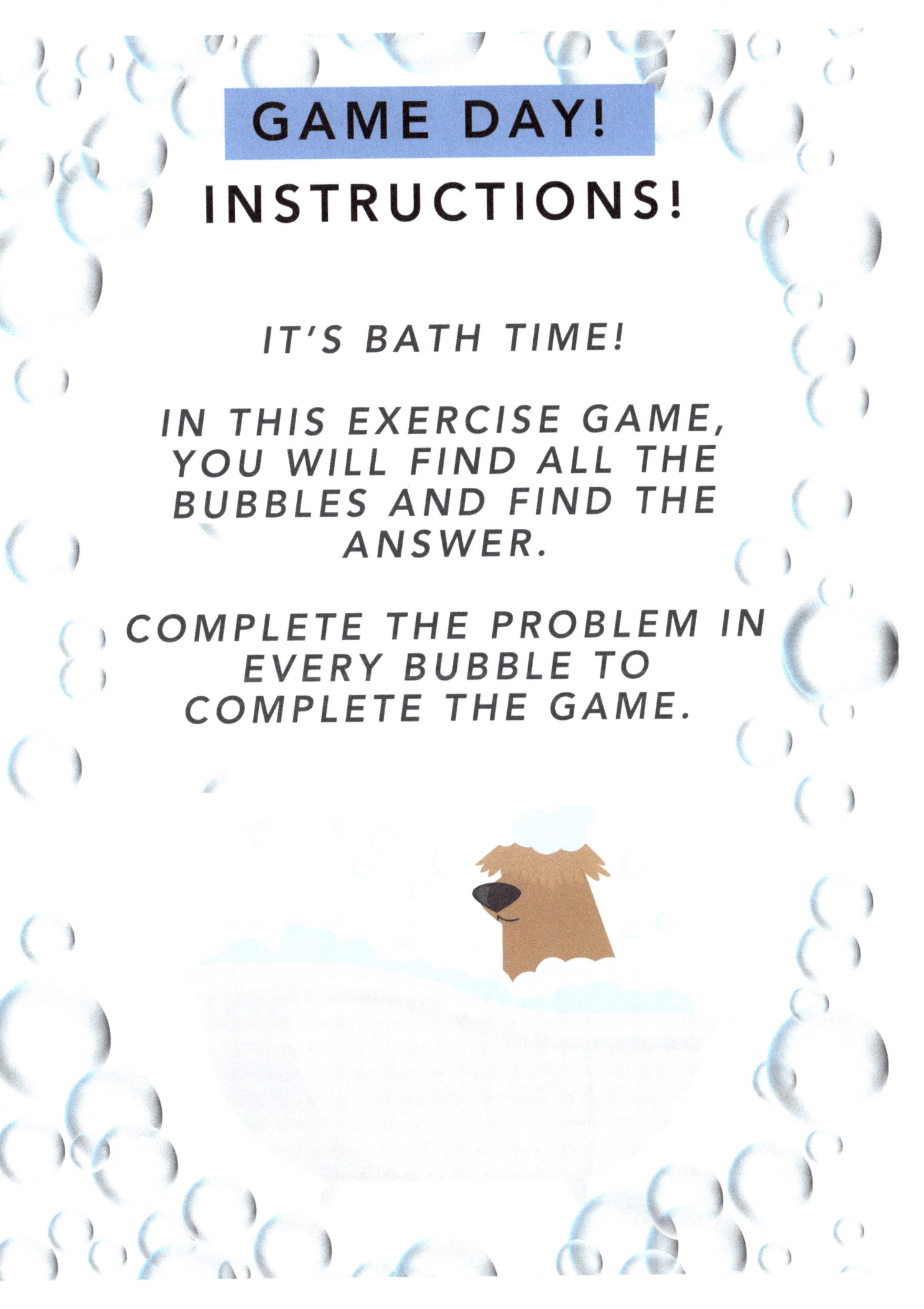

GAME DAY!

INSTRUCTIONS!

IT'S BATH TIME!

IN THIS EXERCISE GAME, YOU WILL FIND ALL THE BUBBLES AND FIND THE ANSWER.

COMPLETE THE PROBLEM IN EVERY BUBBLE TO COMPLETE THE GAME.

GAME DAY!

6 x 1 =   6 x 11 =

6 x 7 =

6 x 1 =

6 x 5 =

6 x 10 =

6 x 8 =   6 x 12 =

6 x 2 =   6 x 4 =

6 x 6 =

6 x 9 =

6 x 3 =

6 x 2 =

6 x 5 =

6 x 9 =

TEST YOUR KNOWLEDGE

5x1=___	6x2=___	5x3=___	6x6=___	5x5=___
5x6=___	6x7=___	5x5=___	6x3=___	5x10=___
5x11=___	6x12=___	5x10=___	6x1=___	5x3=___
5x7=___	6x4=___	5x12=___	6x9=___	5x6=___
5x2=___	6x10=___	5x8=___	6x11=___	6x1=___
5x8=___	6x5=___	5x1=___	6x2=___	6x3=___
5x4=___	6x8=___	5x7=___	6x10=___	6x9=___
5x9=___	6x11=___	5x11=___	6x7=___	6x4=___

Always Remember!

EXERCISE 7

Let's start with 7s!

Let's start with the 7s in order first!

Keep going!

7 x 1 =	7 x 2 =	7 x 3 =
7 x 4 =	7 x 5 =	7 x 6 =
7 x 7 =	7 x 8 =	7 x 9 =
7 x 10 =	7 x 11 =	7 x 12 =

Now, let's mix them up to see if you can complete the following below!

7 x 2 =	7 x 4 =	7 x 5 =	7 x 3 =
7 x 7 =	7 x 1 =	7 x 9 =	7 x 6 =
7 x 9 =	7 x 8 =	7 x 12 =	7 x 10 =
7 x 11 =	7 x 5 =	7 x 2 =	7 x 7 =
7 x 6 =	7 x 9 =	7 x 3 =	7 x 1 =

7 x 12 =	7 x 4 =
7 x 11 =	7 x 10 =
7 x 8 =	7 x 7 =
7 x 9 =	7 x 11 =
7 x 2 =	7 x 4 =

You did it! You're so smart!

Let's match with the 7's! Match the problems with the correct answer. Use a different color pen, crayon, or color pencil so you can clearly see what number matches with what problem. GOOD LUCK!

7 x 1 =
7 x 2 =
7 x 3 =
7 x 4 =
7 x 5 =
7 x 6 =
7 x 7 =
7 x 8 =
7 x 9 =
7 x 10 =
7 x 11 =
7 x 12 =

EXERCISE 8

Let's start with 8s!

Let's start with the 8s in order first!

Keep pushing!

8 x 1 =	8 x 2 =	8 x 3 =
8 x 4 =	8 x 5 =	8 x 6 =
8 x 7 =	8 x 8 =	8 x 9 =
8 x 10 =	8 x 11 =	8 x 12 =

Now, let's mix them up to see if you can complete the following below!

8 x 2 =	8 x 4 =	8 x 5 =	8 x 3 =
8 x 7 =	8 x 1 =	8 x 9 =	8 x 6 =
8 x 9 =	8 x 8 =	8 x 12 =	8 x 10 =
8 x 11 =	8 x 5 =	8 x 2 =	8 x 7 =
8 x 6 =	8 x 9 =	8 x 3 =	8 x 1 =
	8 x 12 =	8 x 4 =	
	8 x 11 =	8 x 10 =	
	8 x 8 =	8 x 7 =	
	8 x 9 =	8 x 11 =	
	8 x 2 =	8 x 4 =	

You did it! You're so smart!

GAME DAY! INSTRUCTIONS!

It's time to spin with the 8's! Use a crayon, pencil, or spinner to find the missing number and solve the problem. Make sure you land on each number at least once.

8 X __ = __   8 X __ = __   8 X __ = __

8 X __ = __   8 X __ = __   8 X __ = __

8 X __ = __   8 X __ = __   8 X __ = __

8 X __ = __   8 X __ = __   8 X __ = __

8 X __ = __   8 X __ = __   8 X __ = __

8 X __ = __   8 X __ = __   8 X __ = __

8 X __ = __   8 X __ = __   8 X __ = __

TEST YOUR KNOWLEDGE

7x1=___	8x2=___	7x3=___	8x5=___	7x8=___
7x6=___	8x7=___	7x12=___	8x9=___	7x3=___
7x11=___	8x12=___	7x4=___	8x6=___	7x9=___
7x5=___	8x11=___	7x2=___	8x3=___	7x11=___
7x8=___	8x1=___	7x10=___	8x12=___	8x3=___
7x2=___	8x9=___	7x6=___	8x7=___	8x11=___
7x10=___	8x4=___	7x5=___	8x8=___	8x8=___
7x9=___	8x10=___	7x7=___	8x1=___	8x6=___

EXERCISE 9

Let's start with 9s!

Let's start with the 9s in order first!

Woof
Meow

9 x 1 =	9 x 2 =	9 x 3 =
9 x 4 =	9 x 5 =	9 x 6 =
9 x 7 =	9 x 8 =	9 x 9 =
9 x 10 =	9 x 11 =	9 x 12 =

Now, let's mix them up to see if you can complete the following below!

9 x 2 =	9 x 4 =	9 x 5 =	9 x 3 =
9 x 7 =	9 x 1 =	9 x 9 =	9 x 6 =
9 x 9 =	9 x 8 =	9 x 12 =	9 x 10 =
9 x 11 =	9 x 5 =	9 x 2 =	9 x 7 =
9 x 6 =	9 x 9 =	9 x 3 =	9 x 1 =
	9 x 12 =	9 x 4 =	
	9 x 11 =	9 x 10 =	
	9 x 8 =	9 x 7 =	
	9 x 9 =	9 x 11 =	
	9 x 2 =	9 x 4 =	

You did it! You're so smart!

GAME DAY! INSTRUCTIONS!

It's time to color with the 9's! Solve each problem and color that area with the correct answer.

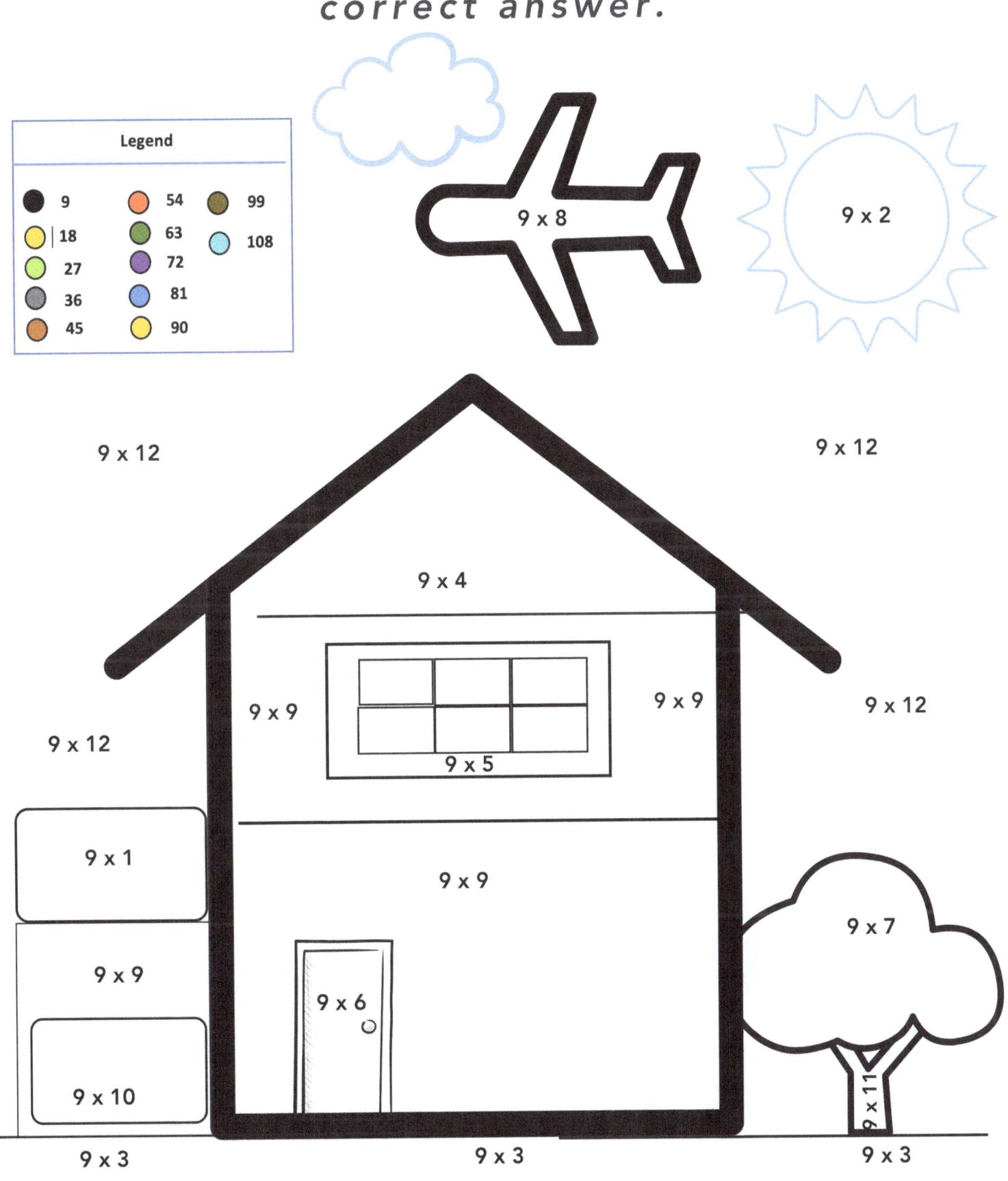

Legend

●	9	●	54	●	99
○	18	●	63	●	108
●	27	●	72		
●	36	●	81		
●	45	●	90		

9 x 8

9 x 2

9 x 12

9 x 12

9 x 4

9 x 9

9 x 9

9 x 12

9 x 12

9 x 5

9 x 1

9 x 9

9 x 7

9 x 6

9 x 11

9 x 10

9 x 3

9 x 3

9 x 3

EXERCISE 10

Let's start with 10s!

Let's start with the 10s in order first!

Shoot for the stars!

10 x 1 =	10 x 2 =	10 x 3 =
10 x 4 =	10 x 5 =	10 x 6 =
10 x 7 =	10 x 8 =	10 x 9 =
10 x 10 =	10 x 11 =	10 x 12 =

Now, let's mix them up to see if you can complete the following below!

10 x 2 =	10 x 4 =	10 x 5 =	10 x 3 =
10 x 7 =	10 x 1 =	10 x 9 =	10 x 6 =
10 x 9 =	10 x 8 =	10 x 12 =	10 x 10 =
10 x 11 =	10 x 5 =	10 x 2 =	10 x 7 =
10 x 6 =	10 x 9 =	10 x 3 =	10 x 1 =

10 x 12 =	10 x 4 =
10 x 11 =	10 x 10 =
10 x 8 =	10 x 7 =
10 x 9 =	10 x 11 =
10 x 2 =	10 x 4 =

Hint: When you multiply by 10 you are simply adding a 0 to the second number in the problem!

GAME DAY! INSTRUCTIONS!

It's time to test your skills with the 10's! Solve each problem and circle the correct answer.

10 x 1

70   10   40

10 x 2

20   30   50

10 x 3

10   30   20

10 x 4

20   40   80

10 x 5

50   60   90

10 x 6

40   50   60

10 x 7

30   50   70

10 x 8

60   70   80

10 x 9

20   90   10

10 x 10

100   110   90

10 x 11

120   100   110

10 x 12

90   120   100

TEST YOUR KNOWLEDGE

Hint: Remember what you learned. Look for patterns!

9x1=___   10x4=___   9x12=___   10x1=___   9x5=___

9x6=___   10x9=___   9x7=___   10x6=___   9x10=___

9x11=___   10x5=___   9x4=___   10x3=___   9x7=___

9x8=___   10x7=___   9x10=___   10x11=___   9x11=___

9x3=___   10x8=___   9x2=___   10x10=___   10x3=___

9x5=___   10x12=___   9x8=___   10x2=___   10x12=___

9x9=___   10x2=___   9x1=___   10x7=___   10x1=___

9x2=___   10x3=___   9x3=___   10x8=___   10x4=___

Let's start with 11s!

Let's start with the 11s in order first!

11 x 1 =	11 x 2 =	11 x 3 =
11 x 4 =	11 x 5 =	11 x 6 =
11 x 7 =	11 x 8 =	11 x 9 =
11 x 10 =	11 x 11 =	11 x 12 =

Fly high!

Now, let's mix them up to see if you can complete the following below!

11 x 2 =	11 x 4 =	11 x 5 =	11 x 3 =
11 x 7 =	11 x 1 =	11 x 9 =	11 x 6 =
11 x 9 =	11 x 8 =	11 x 12 =	11 x 10 =
11 x 11 =	11 x 5 =	11 x 2 =	11 x 7 =
11 x 6 =	11 x 9 =	11 x 3 =	11 x 1 =
	11 x 12 =	11 x 4 =	
	11 x 11 =	11 x 10 =	
	11 x 8 =	11 x 7 =	
	11 x 9 =	11 x 11 =	
	11 x 2 =	11 x 4 =	

Hint: Each answer should go up by 11!

GAME DAY! INSTRUCTIONS

3 minute drill! Use a phone or timer and set it to 3 minutes. Say all of your 11 timetables before time runs out. If you mess up, you must start over!

GOOD LUCK!

11 x 1 =	11 x 2 =	11 x 3 =	11 x 4 =	11 x 5 =	11 x 6 =
11 x 7 =	11 x 8 =	11 x 9 =	11 x 10 =	11 x 11 =	11 x 12 =

EXERCISE 12

Let's start with 12s!

Let's start with the 12s in order first!

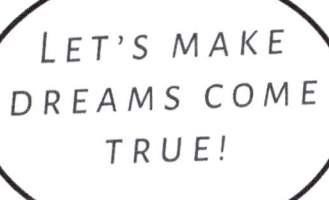

LET'S MAKE DREAMS COME TRUE!

12 x 1 =	12 x 2 =	12 x 3 =
12 x 4 =	12 x 5 =	12 x 6 =
12 x 7 =	12 x 8 =	12 x 9 =
12 x 10 =	12 x 11 =	12 x 12 =

Now, let's mix them up to see if you can complete the following below!

12 x 2 =	12 x 4 =	12 x 5 =	12 x 3 =
12 x 7 =	12 x 1 =	12 x 9 =	12 x 6 =
12 x 9 =	12 x 8 =	12 x 12 =	12 x 10 =
12 x 11 =	12 x 5 =	12 x 2 =	12 x 7 =
12 x 6 =	12 x 9 =	12 x 3 =	12 x 1 =
	12 x 12 =	12 x 4 =	
	12 x 11 =	12 x 10 =	
	12 x 8 =	12 x 7 =	
	12 x 9 =	12 x 11 =	
	12 x 2 =	12 x 4 =	

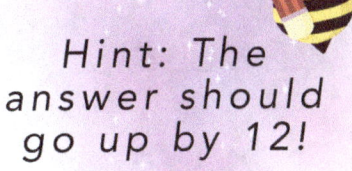

Hint: The answer should go up by 12!

GAME DAY! INSTRUCTIONS!

It's time to test your skills with the 12's! Color the beans with the correct multiplication fact. Then write down the correct multiplication problem in order.

12 x 1 = 12	12 x 1 = 13	12 x 3 = 33	12 x 4 = 48
12 x 7 = 72	12 x 3 = 34	12 x 6 = 72	12 x 2 = 22
12 x 9 = 102	12 x 4 = 44	12 x 2 = 24	12 x 9 = 108
12 x 3 = 36	12 x 5 = 50	12 x 10 = 120	12 x 6 = 82
12 x 12 = 144	12 x 4 = 42	12 x 8 = 92	12 x 7 = 74
12 x 5 = 60	12 x 1 = 12	12 x 8 = 96	12 x 1 = 11
12 x 7 = 84	12 x 10 = 124	12 x 11 = 132	12 x 12 = 132

__ x __ = __

__ x __ = __

__ x __ = __

__ x __ = __

__ x __ = __

__ x __ = __

__ x __ = __

__ x __ = __

__ x __ = __

__ x __ = __

__ x __ = __

__ x __ = __

__ x __ = __

TEST YOUR KNOWLEDGE

11x1=___ 12x4=___ 11x12=___ 12x1=___ 11x5=___

11x6=___ 12x9=___ 11x7=___ 12x6=___ 11x10=___

11x11=___ 12x5=___ 11x4=___ 12x3=___ 11x7=___

11x8=___ 12x7=___ 11x10=___ 12x11=___ 11x11=___

11x3=___ 12x8=___ 11x2=___ 12x10=___ 12x3=___

11x5=___ 12x12=___ 11x8=___ 12x2=___ 12x12=___

11x9=___ 12x 2=___ 11x1=___ 12x7=___ 12x1=___

11x2=___ 12x3=___ 11x3=___ 12x8=___ 12x4=___

EXTRA PRACTICE
WITH THE 1'S

1 x 1 =	1 x 2 =	1 x 3 =	1 x 4 =	1 x 5 =
1 x 6 =	1 x 7 =	1 x 8 =	1 x 9 =	1 x 10 =
1 x 11 =	1 x 12 =	1 x 2 =	1 x 4 =	1 x 5 =
1 x 3 =	1 x 7 =	1 x 1 =	1 x 9 =	1 x 6 =
1 x 8 =	1 x 12 =	1 x 10 =	1 x 11 =	1 x 5 =
1 x 2 =	1 x 7 =	1 x 6 =	1 x 9 =	1 x 3 =
1 x 1 =	1 x 12 =	1 x 4 =	1 x 11 =	1 x 10 =
1 x 8 =	1 x 7 =	1 x 9 =	1 x 11 =	1 x 2 =

EXTRA PRACTICE
WITH THE 2'S

2 x 1 =	2 x 2 =	2 x 3 =	2 x 4 =	2 x 5 =
2 x 6 =	2 x 7 =	2 x 8 =	2 x 9 =	2 x 10 =
2 x 11 =	2 x 12 =	2 x 3 =	2 x 4 =	2 x 1 =
2 x 6 =	2 x 11 =	2 x 8 =	2 x 12 =	2 x 10 =
2 x 2 =	2 x 5 =	2 x 9 =	2 x 7 =	2 x 5 =
2 x 2 =	2 x 7 =	2 x 12 =	2 x 9 =	2 x 10 =
2 x 11 =	2 x 6 =	2 x 3 =	2 x 4 =	2 x 8 =
2 x 1 =	2 x 3 =	2 x 8 =	2 x 9 =	2 x 10 =

EXTRA PRACTICE
WITH THE 3'S

3 x 1 =	3 x 2 =	3 x 3 =	3 x 4 =	3 x 5 =
3 x 6 =	3 x 7 =	3 x 8 =	3 x 9 =	3 x 10 =
3 x 11 =	3 x 12 =	3 x 3 =	3 x 7 =	3 x 11 =
3 x 6 =	3 x 10 =	3 x 8 =	3 x 1 =	3 x 5 =
3 x 2 =	3 x 9 =	3 x 12 =	3 x 4 =	3 x 2 =
3 x 6 =	3 x 8 =	3 x 12 =	3 x 9 =	3 x 10 =
3 x 3 =	3 x 5 =	3 x 1 =	3 x 7 =	3 x 4 =
3 x 11 =	3 x 8 =	3 x 6 =	3 x 9 =	3 x 5 =

EXTRA PRACTICE
WITH THE 4'S

4 x 1 =	4 x 2 =	4 x 3 =	4 x 4 =	4 x 5 =
4 x 6 =	4 x 7 =	4 x 8=	4 x 9 =	4 x 10 =
4 x 11 =	4 x 12 =	4 x 3 =	4 x 6 =	4 x 1 =
4 x 10 =	4 x 7 =	4 x 4 =	4 x 9 =	4 x 5 =
4 x 2 =	4 x 12 =	4 x 8 =	4 x 11 =	4 x 9 =
4 x 8 =	4 x 5 =	4 x 12 =	4 x 2 =	4 x 3 =
4 x 4 =	4 x 8 =	4 x 7 =	4 x 1 =	4 x 10 =
4 x 6 =	4 x 11 =	4 x 3 =	4 x 9 =	4 x 8 =

EXTRA PRACTICE
WITH THE 5'S

5 x 1 =	5 x 2 =	5 x 3 =	5 x 4 =	5 x 5 =
5 x 6 =	5 x 7 =	5 x 8 =	5 x 9 =	5 x 10 =
5 x 11 =	5 x 12 =	5 x 3 =	5 x 5 =	5 x 6 =
5 x 8 =	5 x 9 =	5 x 12 =	5 x 1 =	5 x 2 =
5 x 7 =	5 x 4 =	5 x 11 =	5 x 10 =	5 x 8 =
5 x 3 =	5 x 5 =	5 x 9 =	5 x 12 =	5 x 10 =
5 x 1 =	5 x 6 =	5 x 2 =	5 x 7 =	5 x 4 =
5 x 11 =	5 x 7 =	5 x 6 =	5 x 3 =	5 x 1 =

EXTRA PRACTICE
WITH THE 6'S

6 x 1 =	6 x 2 =	6 x 3 =	6 x 4 =	6 x 5 =
6 x 6 =	6 x 7 =	6 x 8 =	6 x 9 =	6 x 10 =
6 x 11 =	6 x 12 =	6 x 4 =	6 x 6 =	6 x 2 =
6 x 9 =	6 x 5 =	6 x 7 =	6 x 1 =	6 x 11 =
6 x 3 =	6 x 8 =	6 x 10 =	6 x 12 =	6 x 3 =
6 x 4 =	6 x 6 =	6 x 9 =	6 x 5 =	6 x 12 =
6 x 8 =	6 x 10 =	6 x 1 =	6 x 11 =	6 x 7 =
6 x 2 =	6 x 9 =	6 x 2 =	6 x 8 =	6 x 5 =

EXTRA PRACTICE
WITH THE 7'S

7 x 1 =	7 x 2 =	7 x 3 =	7 x 4 =	7 x 5 =
7 x 6 =	7 x 7 =	7 x 8 =	7 x 9 =	7 x 10 =
7 x 11 =	7 x 12 =	7 x 4 =	7 x 5 =	7 x 8 =
7 x 7 =	7 x 9 =	7 x 1 =	7 x 11 =	7 x 2 =
7 x 10 =	7 x 4 =	7 x 6 =	7 x 12 =	7 x 5 =
7 x 3 =	7 x 8 =	7 x 2 =	7 x 3 =	7 x 6 =
7 x 9 =	7 x 10 =	7 x 12 =	7 x 7 =	7 x 1 =
7 x 8 =	7 x 1 =	7 x 11 =	7 x 2 =	7 x 9 =

EXTRA PRACTICE
WITH THE 8'S

8 x 1 =	8 x 2 =	8 x 3 =	8 x 4 =	8 x 5 =
8 x 6 =	8 x 7 =	8 x 8 =	8 x 9 =	8 x 10 =
8 x 11 =	8 x 12 =	8 x 4 =	8 x 6 =	8 x 7 =
8 x 5 =	8 x 11 =	8 x 2 =	8 x 3 =	8 x 9 =
8 x 8 =	8 x 1 =	8 x 10 =	8 x 12 =	8 x 3 =
8 x 2 =	8 x 9 =	8 x 6 =	8 x 7 =	8 x 11 =
8 x 10 =	8 x 4 =	8 x 5 =	8 x 8 =	8 x 12 =
8 x 9 =	8 x 10 =	8 x 7 =	8 x 1 =	8 x 6 =

EXTRA PRACTICE
WITH THE 9'S

9 x 1 =	9 x 2 =	9 x 3 =	9 x 4 =	9 x 5 =
9 x 6 =	9 x 7 =	9 x 8 =	9 x 9 =	9 x 10 =
9 x 11 =	9 x 12 =	9 x 5 =	9 x 6 =	9 x 9 =
9 x 2 =	9 x 8 =	9 x 4 =	9 x 3 =	9 x 12 =
9 x 10 =	9 x 1 =	9 x 7 =	9 x 11 =	9 x 4 =
9 x 5 =	9 x 9 =	9 x 2 =	9 x 12 =	9 x 1 =
9 x 3 =	9 x 6 =	9 x 10 =	9 x 8 =	9 x 7 =
9 x 9 =	9 x 11 =	9 x 1 =	9 x 5 =	9 x 8 =

YOU DID IT!

Take a minute and see how far you've come. When you started this workbook, you didn't know the basics of multiplication. Since then, you've learned how to multiply numbers from single to double digits!

Seeing what you've accomplished shows where you are able to go if you try your best and believe in yourself. You are your own superhero!

EXTRA PRACTICE
WITH THE 12'S

12 x 1 =	12 x 2 =	12 x 3 =	12 x 4 =	12 x 5 =
12 x 6 =	12 x 7 =	12 x 8 =	12 x 9 =	12 x 10 =
12 x 11 =	12 x 12 =	12 x 4 =	12 x 6 =	12 x 8 =
12 x 9 =	12 x 10 =	12 x 7 =	12 x 2 =	12 x 12 =
12 x 3 =	12 x 1 =	12 x 5 =	12 x 11 =	12 x 2 =
12 x 8 =	12 x 4 =	12 x 6 =	12 x 1 =	12 x 3 =
12 x 5 =	12 x 9 =	12 x 11 =	12 x 10 =	12 x 7 =
12 x 12 =	12 x 3 =	12 x 1 =	12 x 5 =	12 x 4 =

EXTRA PRACTICE
WITH THE 11'S

11 x 1 =	11 x 2 =	11 x 3 =	11 x 4 =	11 x 5 =
11 x 6 =	11 x 7 =	11 x 8 =	11 x 9 =	11 x 10 =
11 x 11 =	11 x 12 =	11 x 5 =	11 x 3 =	11 x 8 =
11 x 10 =	11 x 9 =	11 x 6 =	11 x 1 =	11 x 2 =
11 x 7 =	11 x 4 =	11 x 11 =	11 x 12 =	11 x 7 =
11 x 3 =	11 x 5 =	11 x 4 =	11 x 8 =	11 x 2 =
11 x 9 =	11 x 1 =	11 x 10 =	11 x 11 =	11 x 6 =
11 x 12 =	11 x 8 =	11 x 2 =	11 x 7 =	11 x 1 =

EXTRA PRACTICE
WITH THE 10'S

10 x 1 =	10 x 2 =	10 x 3 =	10 x 4 =	10 x 5 =
10 x 6 =	10 x 7 =	10 x 8 =	10 x 9 =	10 x 10 =
10 x 11 =	10 x 12 =	10 x 4 =	10 x 6 =	10 x 9 =
10 x 3 =	10 x 5 =	10 x 12 =	10 x 2 =	10 x 7 =
10 x 8 =	10 x 1 =	10 x 11 =	10 x 10 =	10 x 3 =
10 x 9 =	10 x 6 =	10 x 5 =	10 x 7 =	10 x 1 =
10 x 2 =	10 x 4 =	10 x 10 =	10 x 12 =	10 x 8 =
10 x 7 =	10 x 11 =	10 x 6 =	10 x 3 =	10 x 4 =

EXERCISE 1

ANSWER KEY

1 x 1 = 1	1 x 2 = 2	1 x 3 = 3
1 x 4 = 4	1 x 5 = 5	1 x 6 = 6
1 x 7 = 7	1 x 8 = 8	1 x 9 = 9
1 x 10 = 10	1 x 11 = 11	1 x 12 = 12

1 x 2 = 2	1 x 4 = 4	1 x 5 = 5	1 x 3 = 3
1 x 7 = 7	1 x 1 = 1	1 x 9 = 9	1 x 6 = 6
1 x 9 = 9	1 x 8 = 8	1 x 12 = 12	1 x 10 = 10
1 x 11 = 11	1 x 5 = 5	1 x 2 = 2	1 x 7 = 7
1 x 6 = 6	1 x 9 = 9	1 x 3 = 3	1 x 1 = 1
	1 x 12 = 12	1 x 4 = 4	
	1 x 11 = 11	1 x 10 = 10	
	1 x 8 = 8	1 x 7 = 7	
	1 x 9 = 9	1 x 11 = 11	
	1 x 2 = 2	1 x 3 = 3	

BEE HAPPY

GAME DAY!
ANSWER KEY

Utilize a phone or timer and set it for 1 minute. Say all your 1 timetable before the time runs out! If you mess up, you must start over.

GOOD LUCK!

1 x 1 = 1	1 x 2 = 2	1 x 3 = 3	1 x 4 = 4	1 x 5 = 5	1 x 6 = 6
1 x 7 = 7	1 x 8 = 8	1 x 9 = 9	1 x 10 = 10	1 x 11 = 11	1 x 12 = 12

EXERCISE 2

ANSWER KEY

2 x 1 = 2	2 x 2 = 4	2 x 3 = 6
2 x 4 = 8	2 x 5 = 10	2 x 6 = 12
2 x 7 = 14	2 x 8 = 16	2 x 9 = 18
2 x 10 = 20	2 x 11 = 22	2 x 12 = 24

2 x 2 = 4	2 x 4 = 8	2 x 5 = 10	2 x 3 = 6
2 x 7 = 14	2 x 1 = 2	2 x 9 = 18	2 x 6 = 12
2 x 9 = 18	2 x 8 = 16	2 x 12 = 24	2 x 10 = 20
2 x 11 = 22	2 x 5 = 10	2 x 2 = 4	2 x 7 = 14
2 x 6 = 12	2 x 9 = 18	2 x 3 = 6	2 x 1 = 2

2 x 12 = 24	2 x 4 = 8
2 x 11 = 22	2 x 10 = 20
2 x 8 = 16	2 x 7 = 14
2 x 9 = 18	2 x 11 = 22
2 x 2 = 4	2 x 3 = 6

GAME DAY!

ANSWER KEY

2minute drill! Use a phone or timer and set it to 2 minutes. Say all of your 2 timetables before time runs out. If you mess up, you must start over!

GOOD LUCK!

2 x 1 = 2	2 x 2 = 4	2 x 3 = 6	2 x 4 = 8	2 x 5 = 10	2 x 6 = 12
2 x 7 = 14	2 x 8 = 16	2 x 9 = 18	2 x 10 = 20	2 x 11 = 22	2 x 12 = 24

ANSWER KEY
TEST FOR 1'S & 2'S

$1 \times 2 = \underline{2}$ $\quad$ $2 \times 2 = \underline{4}$ $\quad$ $1 \times 1 = \underline{1}$ $\quad$ $2 \times 8 = \underline{16}$ $\quad$ $1 \times 6 = \underline{6}$

$1 \times 6 = \underline{6}$ $\quad$ $2 \times 7 = \underline{14}$ $\quad$ $1 \times 5 = \underline{5}$ $\quad$ $2 \times 9 = \underline{18}$ $\quad$ $2 \times 8 = \underline{16}$

$1 \times 11 = \underline{11}$ $\quad$ $2 \times 12 = \underline{24}$ $\quad$ $1 \times 3 = \underline{3}$ $\quad$ $2 \times 1 = \underline{2}$ $\quad$ $1 \times 1 = \underline{1}$

$1 \times 7 = \underline{7}$ $\quad$ $2 \times 11 = \underline{22}$ $\quad$ $1 \times 8 = \underline{8}$ $\quad$ $2 \times 10 = \underline{20}$ $\quad$ $2 \times 10 = \underline{20}$

$1 \times 8 = \underline{8}$ $\quad$ $2 \times 5 = \underline{10}$ $\quad$ $1 \times 4 = \underline{4}$ $\quad$ $2 \times 7 = \underline{14}$ $\quad$ $1 \times 9 = \underline{9}$

$1 \times 10 = \underline{10}$ $\quad$ $2 \times 4 = \underline{8}$ $\quad$ $1 \times 12 = \underline{12}$ $\quad$ $2 \times 5 = \underline{10}$ $\quad$ $2 \times 6 = \underline{12}$

$1 \times 4 = \underline{4}$ $\quad$ $2 \times 6 = \underline{12}$ $\quad$ $1 \times 7 = \underline{7}$ $\quad$ $2 \times 4 = \underline{8}$ $\quad$ $1 \times 11 = \underline{11}$

$1 \times 9 = \underline{9}$ $\quad$ $2 \times 3 = \underline{6}$ $\quad$ $1 \times 5 = \underline{5}$ $\quad$ $2 \times 3 = \underline{6}$ $\quad$ $2 \times 12 = \underline{24}$

EXERCISE 3

ANSWER KEY

3 x 1 = 3	3 x 2 = 6	3 x 3 = 9
3 x 4 = 12	3 x 5 = 15	3 x 6 = 18
3 x 7 = 21	3 x 8 = 24	3 x 9 = 27
3 x 10 = 30	3 x 11 = 33	3 x 12 = 36

3 x 2 = 6	3 x 4 = 12	3 x 5 = 15	3 x 3 = 9
3 x 7 = 21	3 x 1 = 3	3 x 9 = 27	3 x 6 = 18
3 x 9 = 27	3 x 8 = 24	3 x 12 = 36	3 x 10 = 30
3 x 11 = 33	3 x 5 = 15	3 x 2 = 6	3 x 7 = 21
3 x 6 = 18	3 x 9 = 27	3 x 3 = 9	3 x 1 = 3

3 x 12 = 36	3 x 4 = 12
3 x 11 = 33	3 x 10 = 30
3 x 8 = 24	3 x 7 = 21
3 x 9 = 27	3 x 11 = 33
3 x 2 = 6	3 x 3 = 9

EXERCISE 4

ANSWER KEY

4 x 1 = 4	4 x 2 = 8	4 x 3 = 12
4x 4 = 16	4 x 5 = 20	4 x 6 = 24
4 x 7 = 28	4 x 8 = 32	4 x 9 = 36
4 x 10 = 40	4 x 11 = 44	4 x 12 = 48

4 x 2 = 8	4 x 4 = 16	4 x 5 = 20	4 x 3 = 12
4 x 7 = 28	4 x 1 = 4	4 x 9 = 36	4 x 6 = 24
4 x 9 = 36	4 x 8 = 32	4 x 12 = 48	4 x 10 = 40
4 x 11 = 44	4 x 5 = 20	4 x 2 = 8	4 x 7 = 28
4 x 6 = 24	4 x 9 = 36	4 x 3 = 12	4 x 1 = 4
	4 x 12 = 48	4 x 4 = 16	
	4 x 11 = 44	4 x 10 = 40	
	4 x 8 = 32	4 x 7 = 28	
	4 x 9 = 36	4 x 11 = 44	
	4 x 2 = 8	4 x 3 = 12	

4 x 12 =
48

4 x 10 = 40

4 x 11 = 44

4 x 9 = 36

4 x 7 = 28

4 x 8 = 32

4 x 6 = 24

4 x 5 = 20

4 x 3 = 12

4 x 4 = 16

4 x 2 = 8

4 x 1 = 4

ANSWER KEY
TEST FOR 3'S & 4'S

$3 \times 1 = \underline{3}$ $4 \times 2 = \underline{8}$ $3 \times 3 = \underline{9}$ $4 \times 3 = \underline{12}$ $3 \times 5 = \underline{15}$

$3 \times 6 = \underline{18}$ $4 \times 7 = \underline{28}$ $3 \times 5 = \underline{15}$ $4 \times 1 = \underline{4}$ $3 \times 1 = \underline{3}$

$3 \times 11 = \underline{33}$ $4 \times 12 = \underline{48}$ $3 \times 9 = \underline{27}$ $4 \times 6 = \underline{24}$ $3 \times 7 = \underline{21}$

$3 \times 10 = \underline{30}$ $4 \times 4 = \underline{16}$ $3 \times 12 = \underline{36}$ $4 \times 10 = \underline{40}$ $3 \times 4 = \underline{12}$

$3 \times 2 = \underline{6}$ $4 \times 9 = \underline{36}$ $3 \times 8 = \underline{24}$ $4 \times 8 = \underline{32}$ $4 \times 5 = \underline{20}$

$3 \times 8 = \underline{24}$ $4 \times 5 = \underline{20}$ $3 \times 6 = \underline{18}$ $4 \times 2 = \underline{8}$ $4 \times 7 = \underline{28}$

$3 \times 4 = \underline{12}$ $4 \times 8 = \underline{32}$ $3 \times 3 = \underline{9}$ $4 \times 12 = \underline{48}$ $4 \times 10 = \underline{40}$

$3 \times 7 = \underline{21}$ $4 \times 11 = \underline{44}$ $3 \times 10 = \underline{30}$ $4 \times 9 = \underline{36}$ $4 \times 4 = \underline{16}$

EXERCISE 5

ANSWER KEY

5 x 1 = 5	5 x 2 = 10	5 x 3 = 15
5 x 4 = 20	5 x 5 = 25	5 x 6 = 30
5 x 7 = 35	5 x 8 = 40	5 x 9 = 45
5 x 10 = 50	5 x 11 = 55	5 x 12 = 60

5 x 2 = 10	5 x 4 = 20	5 x 5 = 25	5 x 3 = 15
5 x 7 = 35	5 x 1 = 5	5 x 9 = 45	5 x 6 = 30
5 x 9 = 45	5 x 8 = 40	5 x 12 = 60	5 x 10 = 50
5 x 11 = 55	5 x 5 = 25	5 x 2 = 10	5 x 7 = 35
5 x 6 = 30	5 x 9 = 45	5 x 3 = 15	5 x 1 = 5
	5 x 12 = 60	5 x 4 = 20	
	5 x 11 = 55	5 x 10 = 50	
	5 x 8 = 40	5 x 7 = 35	
	5 x 9 = 45	5 x 11 = 55	
	5 x 2 = 10	5 x 4 = 20	

ANSWER KEY

EXERCISE 6

ANSWER KEY

6 x 1 = 6	6 x 2 = 12	6 x 3 = 18
6 x 4 = 24	6 x 5 = 30	6 x 6 = 36
6 x 7 = 42	6 x 8 = 48	6 x 9 = 54
6 x 10 = 60	6 x 11 = 66	6 x 12 = 72

6 x 2 = 12	6 x 4 = 24	6 x 5 = 30	6 x 3 = 18
6 x 7 = 42	6 x 1 = 6	6 x 9 = 54	6 x 6 = 36
6 x 9 = 54	6 x 8 = 48	6 x 12 = 72	6 x 10 = 60
6 x 11 = 66	6 x 5 = 30	6 x 2 = 12	6 x 7 = 42
6 x 6 = 36	6 x 9 = 54	6 x 3 = 18	6 x 1 = 6

6 x 12 = 72	6 x 4 = 24
6 x 11 = 66	6 x 10 = 60
6 x 8 = 48	6 x 7 = 42
6 x 9 = 54	6 x 11 = 66
6 x 2 = 12	6 x 4 = 24

6 x 1 =
6

6 x 11 =
66

6 x 7 =
42

6 x 1 =
6

6 x 5 =
30

6 x 10 =
60

6 x 8 =
48

6 x 12 =
72

6 x 4 =
24

6 x 2 =
12

6 x 6 =
36

6 x 9 =
54

6 x 3 =
18

6 x 2 =
12

6 x 5 =
30

6 x 9 =
54

ANSWER KEY
TEST FOR 5'S & 6'S

$5 \times 1 = \underline{5}$ $6 \times 2 = \underline{12}$ $5 \times 3 = \underline{15}$ $6 \times 6 = \underline{36}$ $5 \times 5 = \underline{25}$

$5 \times 6 = \underline{30}$ $6 \times 7 = \underline{42}$ $5 \times 5 = \underline{25}$ $6 \times 3 = \underline{18}$ $5 \times 10 = \underline{50}$

$5 \times 11 = \underline{55}$ $6 \times 12 = \underline{72}$ $5 \times 10 = \underline{50}$ $6 \times 1 = \underline{6}$ $5 \times 3 = \underline{15}$

$5 \times 7 = \underline{35}$ $6 \times 4 = \underline{24}$ $5 \times 12 = \underline{60}$ $6 \times 9 = \underline{54}$ $5 \times 6 = \underline{30}$

$5 \times 2 = \underline{10}$ $6 \times 10 = \underline{60}$ $5 \times 8 = \underline{40}$ $6 \times 11 = \underline{66}$ $6 \times 1 = \underline{6}$

$5 \times 8 = \underline{40}$ $6 \times 5 = \underline{30}$ $5 \times 1 = \underline{5}$ $6 \times 2 = \underline{12}$ $6 \times 3 = \underline{18}$

$5 \times 4 = \underline{20}$ $6 \times 8 = \underline{48}$ $5 \times 7 = \underline{35}$ $6 \times 10 = \underline{60}$ $6 \times 9 = \underline{54}$

$5 \times 9 = \underline{45}$ $6 \times 11 = \underline{66}$ $5 \times 11 = \underline{55}$ $6 \times 7 = \underline{42}$ $6 \times 4 = \underline{24}$

EXERCISE 7

ANSWER KEY

7 x 1 = 7	7 x 2 = 14	7 x 3 = 21
7 x 4 = 28	7 x 5 = 35	7 x 6 = 42
7 x 7 = 49	7 x 8 = 56	7 x 9 = 63
7 x 10 = 70	7 x 11 = 77	7 x 12 = 84

7 x 2 = 14	7 x 4 = 28	7 x 5 = 35	7 x 3 = 21
7 x 7 = 49	7 x 1 = 7	7 x 9 = 63	7 x 6 = 42
7 x 9 = 63	7 x 8 = 56	7 x 12 = 84	7 x 10 = 70
7 x 11 = 77	7 x 5 = 35	7 x 2 = 14	7 x 7 = 49
7 x 6 = 42	7 x 9 = 63	7 x 3 = 21	7 x 1 = 7

7 x 12 = 84	7 x 4 = 28
7 x 11 = 77	7 x 10 = 70
7 x 8 = 56	7 x 7 = 49
7 x 9 = 63	7 x 11 = 77
7 x 2 = 14	7 x 4 = 28

7 x 1 =	7
7 x 2 =	14
7 x 3 =	21
7 x 4 =	28
7 x 5 =	35
7 x 6 =	42
7 x 7 =	49
7 x 8 =	56
7 x 9 =	63
7 x 10 =	70
7 x 11 =	77
7 x 12 =	84

EXERCISE 8

ANSWER KEY

8 x 1 = 8	8 x 2 = 16	8 x 3 = 24
8 x 4 = 32	8 x 5 = 40	8 x 6 = 48
8 x 7 = 56	8 x 8 = 64	8 x 9 = 72
8 x 10 = 80	8 x 11 = 88	8 x 12 = 96

8 x 2 = 16	8 x 4 = 32	8 x 5 = 40	8 x 3 = 24
8 x 7 = 56	8 x 1 = 8	8 x 9 = 72	8 x 6 = 48
8 x 9 = 72	8 x 8 = 64	8 x 12 = 96	8 x 10 = 80
8 x 11 = 88	8 x 5 = 40	8 x 2 = 16	8 x 7 = 56
8 x 6 = 48	8 x 9 = 72	8 x 3 = 24	8 x 1 = 8

8 x 12 = 96	8 x 4 = 32
8 x 11 = 88	8 x 10 = 80
8 x 8 = 64	8 x 7 = 56
8 x 9 = 72	8 x 11 = 88
8 x 2 = 16	8 x 4 = 32

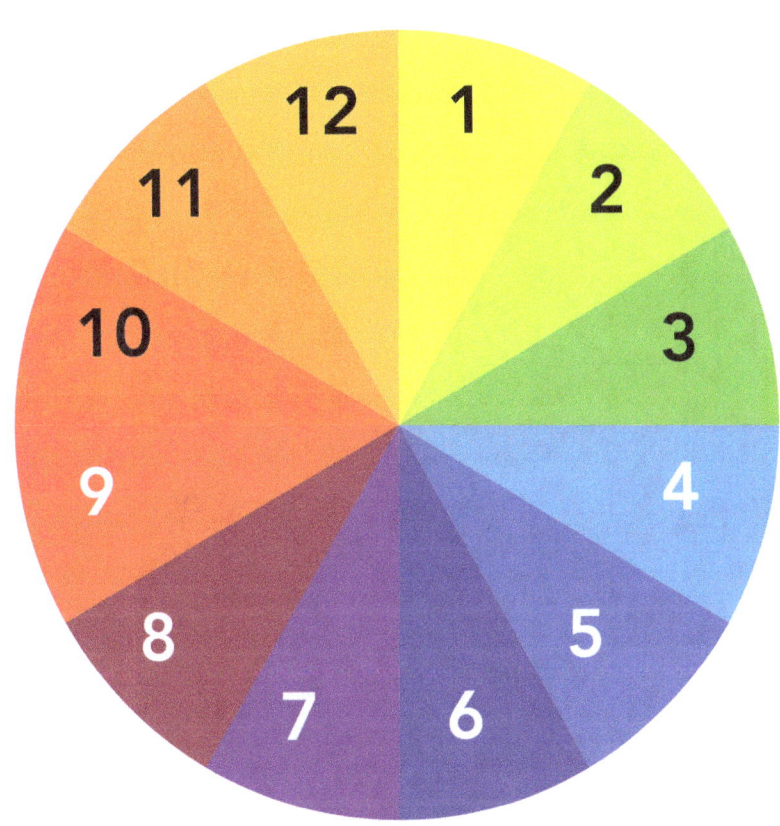

8 x _1_ = _8_   8 x _8_ = _64_   8 x __ = __

8 x _2_ = _16_   8 x _9_ = _72_   8 x __ = __

8 x _3_ = _24_   8 x _10_ = _80_   8 x __ = __

8 x _4_ = _32_   8 x _11_ = _88_   8 x __ = __

8 x _5_ = _40_   8 x _12_ = _96_   8 x __ = __

8 x _6_ = _48_   8 x __ = __   8 x __ = __

8 x _7_ = _56_   8 x __ = __   8 x __ = __

ANSWER KEY
TEST FOR 7'S & 8'S

$7 \times 1 = 7$ $8 \times 2 = 16$ $7 \times 3 = 21$ $8 \times 5 = 40$ $7 \times 8 = 56$

$7 \times 6 = 42$ $8 \times 7 = 56$ $7 \times 12 = 84$ $8 \times 9 = 72$ $7 \times 3 = 21$

$7 \times 11 = 77$ $8 \times 12 = 96$ $7 \times 4 = 28$ $8 \times 6 = 48$ $7 \times 9 = 63$

$7 \times 5 = 35$ $8 \times 11 = 88$ $7 \times 2 = 14$ $8 \times 3 = 24$ $7 \times 11 = 77$

$7 \times 8 = 56$ $8 \times 1 = 8$ $7 \times 10 = 70$ $8 \times 12 = 96$ $8 \times 3 = 24$

$7 \times 2 = 14$ $8 \times 9 = 72$ $7 \times 6 = 42$ $8 \times 7 = 56$ $8 \times 11 = 88$

$7 \times 10 = 70$ $8 \times 4 = 32$ $7 \times 5 = 35$ $8 \times 8 = 64$ $8 \times 8 = 64$

$7 \times 9 = 63$ $8 \times 10 = 80$ $7 \times 7 = 49$ $8 \times 1 = 8$ $8 \times 6 = 48$

EXERCISE 9

ANSWER KEY

9 x 1 = 9	9 x 2 = 18	9 x 3 = 27
9 x 4 = 36	9 x 5 = 45	9 x 6 = 54
9 x 7 = 63	9 x 8 = 72	9 x 9 = 81
9 x 10 = 90	9 x 11 = 99	9 x 12 = 108

9 x 2 = 18	9 x 4 = 36	9 x 5 = 45	9 x 3 = 27
9 x 7 = 63	9 x 1 = 9	9 x 9 = 81	9 x 6 = 54
9 x 9 = 81	9 x 8 = 72	9 x 12 = 108	9 x 10 = 90
9 x 11 = 99	9 x 5 = 45	9 x 2 = 18	9 x 7 = 63
9 x 6 = 54	9 x 9 = 81	9 x 3 = 27	9 x 1 = 9
	9 x 12 = 108	9 x 4 = 36	
	9 x 11 = 99	9 x 10 = 90	
	9 x 8 = 72	9 x 7 = 63	
	9 x 9 = 81	9 x 11 = 99	
	9 x 2 = 18	9 x 4 = 36	

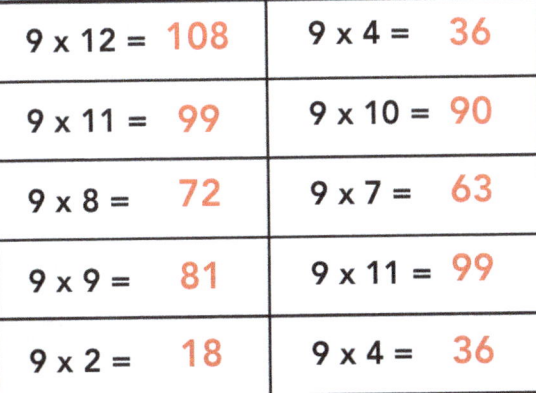

GAME DAY! ANSWER KEY

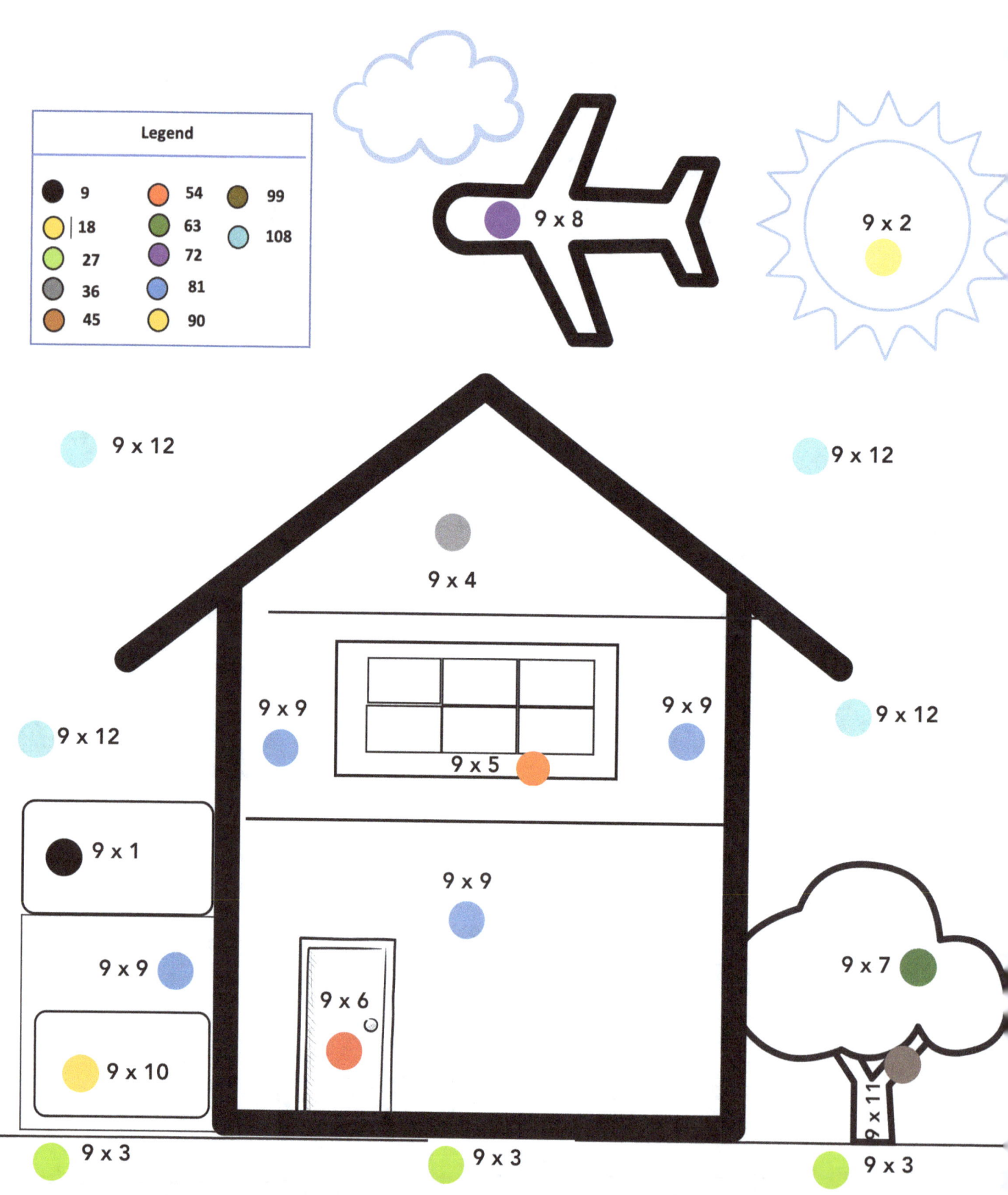

Legend

●	9	●	54	●	99
●	18	●	63	●	108
●	27	●	72		
●	36	●	81		
●	45	●	90		

9 x 8

9 x 2

9 x 12

9 x 12

9 x 4

9 x 9

9 x 9

9 x 5

9 x 12

9 x 12

9 x 1

9 x 9

9 x 9

9 x 7

9 x 6

9 x 10

9 x 11

9 x 3

9 x 3

9 x 3

EXERCISE 10

ANSWER KEY

10 x 1 = 10	10 x 2 = 20	10 x 3 = 30
10 x 4 = 40	10 x 5 = 50	10 x 6 = 60
10 x 7 = 70	10 x 8 = 80	10 x 9 = 90
10 x 10 = 100	10 x 11 = 110	10 x 12 = 120

10 x 2 = 20	10 x 4 = 40	10 x 5 = 50	10 x 3 = 30
10 x 7 = 70	10 x 1 = 10	10 x 9 = 90	10 x 6 = 60
10 x 9 = 90	10 x 8 = 80	10 x 12 = 120	10 x 10 = 100
10 x 11 = 110	10 x 5 = 50	10 x 2 = 20	10 x 7 = 70
10 x 6 = 60	10 x 9 = 90	10 x 3 = 30	10 x 1 = 10

10 x 12 = 120	10 x 4 = 40
10 x 11 = 110	10 x 10 = 100
10 x 8 = 80	10 x 7 = 70
10 x 9 = 90	10 x 11 = 110
10 x 2 = 20	10 x 4 = 40

GAME DAY! ANSWER KEY

10 x 1

70   10   40

10 x 2

20   30   50

10 x 3

10   30   20

10 x 4

20   40   80

10 x 5

50   60   90

10 x 6

40   50   60

10 x 7

30   50   70

10 x 8

60   70   80

10 x 9

20   90   10

10 x 10

100   110   90

10 x 11

120   100   110

10 x 12

90   120   100

ANSWER KEY
TEST FOR 9'S & 10'S

$9 \times 1 = 9$ $10 \times 4 = 40$ $9 \times 12 = 108$ $10 \times 1 = 10$ $9 \times 5 = 45$

$9 \times 6 = 54$ $10 \times 9 = 90$ $9 \times 7 = 63$ $10 \times 6 = 60$ $9 \times 10 = 90$

$9 \times 11 = 99$ $10 \times 5 = 50$ $9 \times 4 = 36$ $10 \times 3 = 30$ $9 \times 7 = 63$

$9 \times 8 = 72$ $10 \times 7 = 70$ $9 \times 10 = 90$ $10 \times 11 = 110$ $9 \times 11 = 99$

$9 \times 3 = 27$ $10 \times 8 = 80$ $9 \times 2 = 18$ $10 \times 10 = 100$ $10 \times 3 = 30$

$9 \times 5 = 45$ $10 \times 12 = 120$ $9 \times 8 = 72$ $10 \times 2 = 20$ $10 \times 12 = 120$

$9 \times 9 = 81$ $10 \times 2 = 20$ $9 \times 1 = 9$ $10 \times 7 = 70$ $10 \times 1 = 10$

$9 \times 2 = 18$ $10 \times 3 = 30$ $9 \times 3 = 27$ $10 \times 8 = 80$ $10 \times 4 = 40$

EXERCISE 11

ANSWER KEY

11 x 1 = 11	11 x 2 = 22	11 x 3 = 33
11 x 4 = 44	11 x 5 = 55	11 x 6 = 66
11 x 7 = 77	11 x 8 = 88	11 x 9 = 99
11 x 10 = 110	11 x 11 = 121	11 x 12 = 132

11 x 2 = 22	11 x 4 = 44	11 x 5 = 55	11 x 3 = 33
11 x 7 = 77	11 x 1 = 11	11 x 9 = 99	11 x 6 = 66
11 x 9 = 99	11 x 8 = 88	11 x 12 = 132	11 x 10 = 110
11 x 11 = 121	11 x 5 = 55	11 x 2 = 22	11 x 7 = 77
11 x 6 = 66	11 x 9 = 99	11 x 3 = 33	11 x 1 = 11

11 x 12 = 132	11 x 4 = 44
11 x 11 = 121	11 x 10 = 110
11 x 8 = 88	11 x 7 = 77
11 x 9 = 99	11 x 11 = 121
11 x 2 = 22	11 x 4 = 44

GAME DAY! ANSWER KEY

3 minute drill! Use a phone or timer and set it to 3 minutes. Say all of your 11 timetables before time runs out. If you mess up, you must start over!

GOOD LUCK!

11 x 1 = 11	11 x 2 = 22	11 x 3 = 33	11 x 4 = 44	11 x 5 = 55	11 x 6 = 66
11 x 7 = 77	11 x 8 = 88	11 x 9 = 99	11 x 10 = 110	11 x 11 = 121	11 x 12 = 132

EXERCISE 12

ANSWER KEY

12 x 1 = 12	12 x 2 = 24	12 x 3 = 36
12 x 4 = 48	12 x 5 = 60	12 x 6 = 72
12 x 7 = 84	12 x 8 = 96	12 x 9 = 108
12 x 10 = 120	12 x 11 = 132	12 x 12 = 144

12 x 2 = 24	12 x 4 = 48	12 x 5 = 60	12 x 3 = 36
12 x 7 = 84	12 x 1 = 12	12 x 9 = 108	12 x 6 = 72
12 x 9 = 108	12 x 8 = 96	12 x 12 = 144	12 x 10 = 120
12 x 11 = 132	12 x 5 = 60	12 x 2 = 24	12 x 7 = 84
12 x 6 = 72	12 x 9 = 108	12 x 3 = 36	12 x 1 = 12

12 x 12 = 144	12 x 4 = 48
12 x 11 = 132	12 x 10 = 120
12 x 8 = 96	12 x 7 = 84
12 x 9 = 108	12 x 11 = 132
12 x 2 = 24	12 x 4 = 48

12 x 1 = 12	12 x 1 = 13	12 x 3 = 33	12 x 4 = 48
12 x 7 = 72	12 x 3 = 34	12 x 6 = 72	12 x 2 = 22
12 x 9 = 102	12 x 4 = 44	12 x 2 = 24	12 x 9 = 108
12 x 3 = 36	12 x 5 = 50	12 x 10 = 120	12 x 6 = 82
12 x 12 = 144	12 x 4 = 42	12 x 8 = 92	12 x 7 = 74
12 x 5 = 60	12 x 1 = 12	12 x 8 = 96	12 x 1 = 11
12 x 7 = 84	12 x 10 = 124	12 x 11 = 132	12 x 12 = 132

12 x 1 = 12

12 x 1 = 12

12 x 2 = 24

12 x 3 = 36

12 x 4 = 48

12 x 5 = 60

12 x 6 = 72

12 x 7 = 84

12 x 8 = 96

12 x 9 = 108

12 x 10 = 120

12 x 11 = 132

12 x 12 = 144

__ x __ = __

ANSWER KEY
TEST ON 11'S & 12'S

$11 \times 1 = \underline{11}$ $12 \times 4 = \underline{48}$ $11 \times 12 = \underline{132}$ $12 \times 1 = \underline{12}$ $11 \times 5 = \underline{55}$

$11 \times 6 = \underline{66}$ $12 \times 9 = \underline{108}$ $11 \times 7 = \underline{77}$ $12 \times 6 = \underline{72}$ $11 \times 10 = \underline{110}$

$11 \times 11 = \underline{121}$ $12 \times 5 = \underline{60}$ $11 \times 4 = \underline{44}$ $12 \times 3 = \underline{36}$ $11 \times 7 = \underline{77}$

$11 \times 8 = \underline{88}$ $12 \times 7 = \underline{84}$ $11 \times 10 = \underline{110}$ $12 \times 11 = \underline{132}$ $11 \times 11 = \underline{121}$

$11 \times 3 = \underline{33}$ $12 \times 8 = \underline{96}$ $11 \times 2 = \underline{22}$ $12 \times 10 = \underline{120}$ $12 \times 3 = \underline{36}$

$11 \times 5 = \underline{55}$ $12 \times 12 = \underline{144}$ $11 \times 8 = \underline{88}$ $12 \times 2 = \underline{24}$ $12 \times 12 = \underline{144}$

$11 \times 9 = \underline{99}$ $12 \times 2 = \underline{24}$ $11 \times 1 = \underline{11}$ $12 \times 7 = \underline{84}$ $12 \times 1 = \underline{12}$

$11 \times 2 = \underline{22}$ $12 \times 3 = \underline{36}$ $11 \times 3 = \underline{33}$ $12 \times 8 = \underline{96}$ $12 \times 4 = \underline{48}$

EXTRA PRACTICE
WITH THE 1'S ANSWER KEY

1 x 1 = 1	1 x 2 = 2	1 x 3 = 3	1 x 4 = 4	1 x 5 = 5
1 x 6 = 6	1 x 7 = 7	1 x 8 = 8	1 x 9 = 9	1 x 10 = 10
1 x 11 = 11	1 x 12 = 12	1 x 2 = 2	1 x 4 = 4	1 x 5 = 5
1 x 3 = 3	1 x 7 = 7	1 x 1 = 1	1 x 9 = 9	1 x 6 = 6
1 x 8 = 8	1 x 12 = 12	1 x 10 = 10	1 x 11 = 11	1 x 5 = 5
1 x 2 = 2	1 x 7 = 7	1 x 6 = 6	1 x 9 = 9	1 x 3 = 3
1 x 1 = 1	1 x 12 = 12	1 x 4 = 4	1 x 11 = 11	1 x 10 = 10
1 x 8 = 8	1 x 7 = 7	1 x 9 = 9	1 x 11 = 11	1 x 2 = 2

EXTRA PRACTICE
WITH THE 2'S **ANSWER KEY**

2 x 1 = 2	2 x 2 = 4	2 x 3 = 6	2 x 4 = 8	2 x 5 = 10
2 x 6 = 12	2 x 7 = 14	2 x 8 = 16	2 x 9 = 18	2 x 10 = 20
2 x 11 = 22	2 x 12 = 24	2 x 3 = 6	2 x 4 = 8	2 x 1 = 2
2 x 6 = 12	2 x 11 = 22	2 x 8 = 16	2 x 12 = 24	2 x 10 = 20
2 x 2 = 4	2 x 5 = 10	2 x 9 = 18	2 x 7 = 14	2 x 5 = 10
2 x 2 = 4	2 x 7 = 14	2 x 12 = 24	2 x 9 = 18	2 x 10 = 20
2 x 11 = 22	2 x 6 = 12	2 x 3 = 6	2 x 4 = 8	2 x 8 = 16
2 x 1 = 2	2 x 3 = 6	2 x 8 = 16	2 x 9 = 18	2 x 10 = 20

EXTRA PRACTICE
WITH THE 3'S ANSWER KEY

3 x 1 = 3	3 x 2 = 6	3 x 3 = 9	3 x 4 = 12	3 x 5 = 15
3 x 6 = 18	3 x 7 = 21	3 x 8 = 24	3 x 9 = 27	3 x 10 = 30
3 x 11 = 33	3 x 12 = 36	3 x 3 = 9	3 x 7 = 21	3 x 11 = 33
3 x 6 = 18	3 x 10 = 30	3 x 8 = 24	3 x 1 = 3	3 x 5 = 15
3 x 2 = 6	3 x 9 = 27	3 x 12 = 36	3 x 4 = 12	3 x 2 = 6
3 x 6 = 18	3 x 8 = 24	3 x 12 = 36	3 x 9 = 27	3 x 10 = 30
3 x 3 = 9	3 x 5 = 15	3 x 1 = 3	3 x 7 = 21	3 x 4 = 12
3 x 11 = 33	3 x 8 = 24	3 x 6 = 18	3 x 9 = 27	3 x 5 = 15

EXTRA PRACTICE
WITH THE 4'S **ANSWER KEY**

4 x 1 = 4	4 x 2 = 8	4 x 3 = 12	4 x 4 = 16	4 x 5 = 20
4 x 6 = 24	4 x 7 = 28	4 x 8 = 32	4 x 9 = 36	4 x 10 = 40
4 x 11 = 44	4 x 12 = 48	4 x 3 = 12	4 x 6 = 24	4 x 1 = 4
4 x 10 = 40	4 x 7 = 28	4 x 4 = 16	4 x 9 = 36	4 x 5 = 20
4 x 2 = 8	4 x 12 = 48	4 x 8 = 32	4 x 11 = 44	4 x 9 = 36
4 x 8 = 32	4 x 5 = 20	4 x 12 = 48	4 x 2 = 8	4 x 3 = 12
4 x 4 = 16	4 x 8 = 32	4 x 7 = 28	4 x 1 = 4	4 x 10 = 40
4 x 6 = 24	4 x 11 = 44	4 x 3 = 12	4 x 9 = 36	4 x 8 = 32

EXTRA PRACTICE
WITH THE 5'S **ANSWER KEY**

5 x 1 = 5	5 x 2 = 10	5 x 3 = 15	5 x 4 = 20	5 x 5 = 25
5 x 6 = 30	5 x 7 = 35	5 x 8 = 40	5 x 9 = 45	5 x 10 = 50
5 x 11 = 55	5 x 12 = 60	5 x 3 = 15	5 x 5 = 25	5 x 6 = 30
5 x 8 = 40	5 x 9 = 45	5 x 12 = 60	5 x 1 = 5	5 x 2 = 10
5 x 7 = 35	5 x 4 = 20	5 x 11 = 55	5 x 10 = 50	5 x 8 = 40
5 x 3 = 15	5 x 5 = 25	5 x 9 = 45	5 x 12 = 60	5 x 10 = 50
5 x 1 = 5	5 x 6 = 30	5 x 2 = 10	5 x 7 = 35	5 x 4 = 20
5 x 11 = 55	5 x 7 = 35	5 x 6 = 30	5 x 3 = 15	5 x 1 = 5

EXTRA PRACTICE
WITH THE 6'S **ANSWER KEY**

6 x 1 = 6	6 x 2 = 12	6 x 3 = 18	6 x 4 = 24	6 x 5 = 30
6 x 6 = 36	6 x 7 = 42	6 x 8 = 48	6 x 9 = 54	6 x 10 = 60
6 x 11 = 66	6 x 12 = 72	6 x 4 = 24	6 x 6 = 36	6 x 2 = 12
6 x 9 = 54	6 x 5 = 30	6 x 7 = 42	6 x 1 = 6	6 x 11 = 66
6 x 3 = 18	6 x 8 = 48	6 x 10 = 60	6 x 12 = 72	6 x 3 = 18
6 x 4 = 24	6 x 6 = 36	6 x 9 = 54	6 x 5 = 30	6 x 12 = 72
6 x 8 = 48	6 x 10 = 60	6 x 1 = 6	6 x 11 = 66	6 x 7 = 42
6 x 2 = 12	6 x 9 = 54	6 x 2 = 12	6 x 8 = 48	6 x 5 = 30

EXTRA PRACTICE
WITH THE 7'S ANSWER KEY

7 x 1 = 7	7 x 2 = 14	7 x 3 = 21	7 x 4 = 28	7 x 5 = 35
7 x 6 = 42	7 x 7 = 49	7 x 8 = 56	7 x 9 = 63	7 x 10 = 70
7 x 11 = 77	7 x 12 = 84	7 x 4 = 28	7 x 5 = 35	7 x 8 = 56
7 x 7 = 49	7 x 9 = 63	7 x 1 = 7	7 x 11 = 77	7 x 2 = 14
7 x 10 = 70	7 x 4 = 28	7 x 6 = 42	7 x 12 = 84	7 x 5 = 35
7 x 3 = 21	7 x 8 = 56	7 x 2 = 14	7 x 3 = 21	7 x 6 = 42
7 x 9 = 63	7 x 10 = 70	7 x 12 = 84	7 x 7 = 49	7 x 1 = 7
7 x 8 = 56	7 x 1 = 7	7 x 11 = 77	7 x 2 = 14	7 x 9 = 63

EXTRA PRACTICE
WITH THE 8'S **ANSWER KEY**

8 x 1 = 8	8 x 2 = 16	8 x 3 = 24	8 x 4 = 32	8 x 5 = 40
8 x 6 = 48	8 x 7 = 56	8 x 8 = 64	8 x 9 = 72	8 x 10 = 80
8 x 11 = 88	8 x 12 = 96	8 x 4 = 32	8 x 6 = 48	8 x 7 = 56
8 x 5 = 40	8 x 11 = 88	8 x 2 = 16	8 x 3 = 24	8 x 9 = 72
8 x 8 = 64	8 x 1 = 8	8 x 10 = 80	8 x 12 = 96	8 x 3 = 24
8 x 2 = 16	8 x 9 = 72	8 x 6 = 48	8 x 7 = 56	8 x 11 = 88
8 x 10 = 80	8 x 4 = 32	8 x 5 = 40	8 x 8 = 64	8 x 12 = 96
8 x 9 = 72	8 x 10 = 80	8 x 7 = 56	8 x 1 = 8	8 x 6 = 48

EXTRA PRACTICE
WITH THE 9'S ANSWER KEY

9 x 1 = 9	9 x 2 = 18	9 x 3 = 27	9 x 4 = 36	9 x 5 = 45
9 x 6 = 54	9 x 7 = 63	9 x 8 = 72	9 x 9 = 81	9 x 10 = 90
9 x 11 = 99	9 x 12 = 108	9 x 5 = 45	9 x 6 = 54	9 x 9 = 81
9 x 2 = 18	9 x 8 = 72	9 x 4 = 36	9 x 3 = 27	9 x 12 = 108
9 x 10 = 90	9 x 1 = 9	9 x 7 = 63	9 x 11 = 99	9 x 4 = 36
9 x 5 = 45	9 x 9 = 81	9 x 2 = 18	9 x 12 = 108	9 x 1 = 9
9 x 3 = 27	9 x 6 = 54	9 x 10 = 90	9 x 8 = 72	9 x 7 = 63
9 x 9 = 81	9 x 11 = 99	9 x 1 = 9	9 x 5 = 45	9 x 8 = 72

EXTRA PRACTICE
WITH THE 10'S **ANSWER KEY**

10 x 1 = 10	10 x 2 = 20	10 x 3 = 30	10 x 4 = 40	10 x 5 = 50
10 x 6 = 60	10 x 7 = 70	10 x 8 = 80	10 x 9 = 90	10 x 10 = 100
10 x 11 = 110	10 x 12 = 120	10 x 4 = 40	10 x 6 = 60	10 x 9 = 90
10 x 3 = 30	10 x 5 = 50	10 x 12 = 120	10 x 2 = 20	10 x 7 = 70
10 x 8 = 80	10 x 1 = 10	10 x 11 = 110	10 x 10 = 100	10 x 3 = 30
10 x 9 = 90	10 x 6 = 60	10 x 5 = 50	10 x 7 = 70	10 x 1 = 10
10 x 2 = 20	10 x 4 = 40	10 x 10 = 100	10 x 12 = 120	10 x 8 = 80
10 x 7 = 70	10 x 11 = 110	10 x 6 = 60	10 x 3 = 30	10 x 4 = 40

EXTRA PRACTICE
WITH THE 11'S ANSWER KEY

11 x 1 = 11	11 x 2 = 22	11 x 3 = 33	11 x 4 = 44	11 x 5 = 55
11 x 6 = 66	11 x 7 = 77	11 x 8 = 88	11 x 9 = 99	11 x 10 = 110
11 x 11 = 121	11 x 12 = 132	11 x 5 = 55	11 x 3 = 33	11 x 8 = 88
11 x 10 = 110	11 x 9 = 99	11 x 6 = 66	11 x 1 = 11	11 x 2 = 22
11 x 7 = 77	11 x 4 = 44	11 x 11 = 121	11 x 12 = 132	11 x 7 = 77
11 x 3 = 33	11 x 5 = 55	11 x 4 = 44	11 x 8 = 88	11 x 2 = 22
11 x 9 = 99	11 x 1 = 11	11 x 10 = 110	11 x 11 = 121	11 x 6 = 66
11 x 12 = 132	11 x 8 = 88	11 x 2 = 22	11 x 7 = 77	11 x 1 = 11

EXTRA PRACTICE
WITH THE 12'S ANSWER KEY

12 x 1 = 12	12 x 2 = 24	12 x 3 = 36	12 x 4 = 48	12 x 5 = 60
12 x 6 = 72	12 x 7 = 84	12 x 8 = 96	12 x 9 = 108	12 x 10 = 120
12 x 11 = 132	12 x 12 = 144	12 x 4 = 48	12 x 6 = 72	12 x 8 = 96
12 x 9 = 108	12 x 10 = 120	12 x 7 = 84	12 x 2 = 24	12 x 12 = 144
12 x 3 = 36	12 x 1 = 12	12 x 5 = 60	12 x 11 = 132	12 x 2 = 24
12 x 8 = 96	12 x 4 = 48	12 x 6 = 72	12 x 1 = 12	12 x 3 = 36
12 x 5 = 60	12 x 9 = 108	12 x 11 = 132	12 x 10 = 120	12 x 7 = 84
12 x 12 = 144	12 x 3 = 36	12 x 1 = 12	12 x 5 = 60	12 x 4 = 48

www.ingramcontent.com/pod-product-compliance
Lightning Source LLC
Chambersburg PA
CBHW080846120626
46553CB00009B/2599